I0004211

www.ingramcontent.com/pod-product-compliance
Lightning Source LLC
Chambersburg PA
CBHW060942050326
40689CB00012B/2549
9781511875769

تحليل و تصميم النظم الحاسوبية

أ.د. أشرف أنور

نائب رئيس الجامعة لشئون التكنولوجيا و التعليم الإلكترونى

رئيس قسم علوم الحاسب و نظم المعلومات

أستاذ مشارك فى علوم الحاسب و نظم المعلومات

جامعة أتلانتا, جورجيا, الولايات المتحدة الأمريكية

والمعهد العالى للعلوم الادارية ونظم المعلومات, البحيرة, مصر

دكتوراة فى علوم الحاسب من جامعة ممفيس, تنيسى, الولايات المتحدة الأمريكية, 2002

PROFAAK47@YAHOO.COM

2015

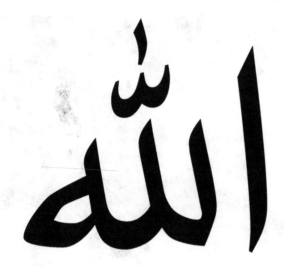

الله

لا إلـه إلا هو

Second Edition, © 2015, USA: **CreateSpace.com Press**

First Edition, © 2014, Egypt: **AA Press**

فهرس المحتويات

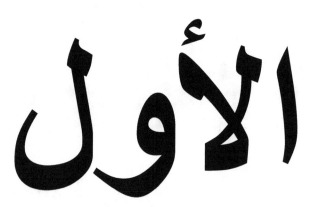

الفصل

الأول

الفصل الأول

مقدمة عامة عن الأنظمة الحاسوبية
Introduction to Computing Systems

الأنظمة الحاسوبية طالها تطور كبير منذ ظهورها في منتصف القرن الماضى. الآن الأنظمة الحاسوبية تشتمل على تكنولوجيا متطورة في العتاد و البرمجيات.

سنعرض فيما يلى بعض مكونات النظام المعلوماتى.

الهاردوير: هو المكونات المادية (الملموسة) للحاسوب.

السوفتوير: هو الأنظمة الحاسوبية (البرمجيات) التي تدير الحاسوب و يستخدمها المستخدم.

البيان: هو قيمة أو قياس خام ليس له معنى بذاته عادة.

Data

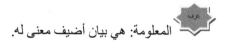

المعلومة: هي بيان أضيف معنى له.

Information

يتكون نظام المعلومات الحاسوبى من الهاردوير و السوفتوير و البيانات/المعلومات و القواعد المنظمة و الحاكمة لاستخدام النظام.

النظام المعلوماتى Information System (IS)

هو نظام يتعامل مع المعلومات.

Information System (IS) = Information + Procedures + Software + Hardware

بينما يتكون نظام المعلومات الحاسوبى الاجتماعى من الهاردوير و السوفتوير و البيانات/المعلومات و القواعد المنظمة و الحاكمة لاستخدام النظام, مضافا إليها الأشخاص المستخدمون للنظام.

Socio Information System (SIS) = Information System (IS) + People

النظام عامة هو طريقة أو كيفية معالجة المدخلات وإنتاج مخرجات مع إمكانية السماح للمخرجات بالمشاركة في المدخلات المستقبلية.

أسئلة مراجعة للفصل الأول

1. ما الفرق بين الهاردوير و السوفتوير؟

2. كيف يختلف النظام المعلوماتى عن النظام المعلوماتى الاجتماعى؟

الفصل الثانى

<u>الفصل الثانى</u>

دورة حياة إنشاء البرمجيات
<u>SDLC (Software Development Life Cycle)</u>

سوف أشرح بالتفصيل دوره حياه إنشاء الأنظمة "البرمجيات"

System Development Life Cycle (SDLC)

توجد عدة تقسيمات لمراحل دورة حياة إنشاء البرمجيات. سنتبع فى دراستنا هنا التقسيم التالى, المسمى اختصارا ب: (RADITE)

R (Requirements)	**1. التخطيط و جمع المتطلبات**
A (Analysis)	**2. التحليل**
D (Design)	**3. التصميم**
I (Implementation)	**4. التنفيذ**
T (Testing)	**5. الاختبار**
E (Execution & Deployment)	**6. التشغيل**

إتباع دورة حياة إنشاء البرمجيات يتمتع بإمكانيات متعددة و مزايا متنوعة, مقارنة بالبرمجة العشوائية Ad-Hoc Programming

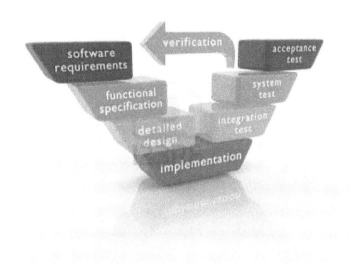

شكل رقم (2.1) دورة حياة إنشاء البرمجيات (مع اختلاف يسير عما نسير عليه)

و الآن إلى تفصيل دورة حياه إنشاء الأنظمة "البرمجيات" System Development Life Cycle (SDLC).

وهى تتكون من عده مراحل:

1- التخطيط وجمع المتطلبات   Requirements Gathering & Planning

في هذه المرحلة نقوم بالتخطيط للنظام مع عمل دراسات جدوى. و نقوم أيضا بجمع المتطلبات الوظيفية و المتطلبات غير الوظيفية للنظام.

ومن مخرجات هذه العملية:

مستند الخصائص ومتطلبات النظام

System Requirement & Specification Document (SRS)

2- التحليل   Analysis

هنا نقوم بتحليل المتطلبات التي تم جمعها في المرحلة الأولى. الهدف من هذه المرحلة هو:

أ-إزالة التعارض بين المتطلبات

ب-اكتشاف النقص

ج-اكتشاف التكرار

ومن مخرجات هذه العملية:

حالات الاستخدام   Use Cases

و نماذج حالات الاستخدام   Use-Case Forms

14

3- التصميم   Design

في هذه المرحلة نقوم بتصميم النظام من حالات الاستخدام و البيانات التي تم جمعها.

ويتم في هذه المرحلة إنتاج نوعين من المخططات:

أ- مخططات سريان البيانات   Data Flow Diagrams (DFD)

ب- مخططات علاقات الكينونات   Entity Relationship Diagrams (ERD)

4- التنفيذ أو التطبيق   Implementation

تحويل التصميمات و المخططات التي تم عملها فى مرحلة التصميم إلى كود و برمجيات باستخدام إحدى (أو عدة) لغات البرمجة.

من مخرجات هذه المرحلة البرامج التي تم تكويدها.

5- الاختبار   Testing

في هذه المرحلة نختبر النظام و مدى صحته و دقته.

هناك نوعان أساسيان من الاختبارات:

أ- التدقيق Verification

ب- التصحيح Validation

6-التشغيل Deployment

في هذه المرحلة نقوم بتشغيل النظام المعلوماتي على الويب أو على أجهزة المستخدمين لبدء الاستفادة منه.

التناظر بين دورة حياة إنشاء البرمجيات و نظام بناء قواعد البيانات.

بعد معرفة مراحل دورة إنشاء البرمجيات الست, سوف نتعرف على طريقة متبعة لإنشاء نظام قواعد بيانات في سبع خطوات, ونرى ما يشابه كل خطوة في دورة حياة إنشاء البرمجيات.

SDLC – PHASE مرحلة دورة حياة إنشاء البرمجيات / خطوة إنشاء نظام قواعد بيانات DB – STEP	R	A	D	I	T	E
1- ادرس المشكلة	*	*				
2- حدد متطلبات البرنامج	*	*				
3- صمم قاعدة البيانات			*			
4- نفذ قاعدة البيانات			*	*		
5- صمم البرامج المتفاعلة مع قاعدة البيانات			*			
6- نفذ البرامج				*		
7- اختبر البرامج مع قاعدة البيانات					*	

شكل رقم (2.2) التناظر بين دورة حياة إنشاء البرمجيات و بناء نظام قواعد بيانات

أسئلة مراجعة للفصل الثانى

1. اشرح باختصار مراحل إنشاء الأنظمة المعلوماتية, مع بيان ما يتم عمله فى كل مرحلة.

2. ما الفرق بين التحليل و التصميم؟

3. ناظر الخطوات التالية لإنشاء مشروع تخرج ذى قواعد بيانات, مع مراحل دورة حياة إنشاء البرمجيات.

المرحلة / خطوة المشروع	1- المتطلبات	2- التحليل	3- التصميم	4- التنفيذ	5- الاختبار	6- التشغيل
دراسة الموضوع						
تحديد المتطلبات						
تصميم قواعد البيانات						
تنفيذ قواعد البيانات						
تصميم البرامج						
تنفيذ البرامج						
اختبار البرامج مع قواعد البيانات						

4. الجدولان التاليان يوضحان مراحل دورة حياة إنشاء البرمجيات و المخرجات منها. قم بكتابة رقم مرحلة لكل مخرج:

المرحلة	1- المتطلبات	2- التحليل	3- التصميم	4- التنفيذ	5- الاختبار	6- التشغيل

المخرج	مخططات علاقات الكينونات	النظام يعمل على جهاز المستخدم	نجاح اختبارات التصحيح/التدقيق	مستند خصائص متطلبات النظام	كود البرامج	حالات استخدام

5. كيف يختلف التنفيذ عن التشغيل؟

الفصل

الثالث

<u>الفصل الثالث</u>

نماذج و طرق التحليل و التصميم

<u>Models for System Analysis & Design</u>

تحليل وتصميم نظم المعلومات Information System Analysis & Design

يمكن أن يتم بالعديد من الطرق.

1. أول طائفة هى **الطرق الهيكلية أو التقليدية أو الكلاسيكية** و سندرس منها ثلاثة طرق:

Classical / Structured Development Models

أقدم و أعرق هذه الطرق هي طريقة أو نموذج هبوط المياه.

2. توجد أيضا **طائفة الطرق السريعة** **Rapid Application Development (RAD)**

عادة ما تستخدم هذه الطرق الإنتاج التدريجى.

تعريف الإنتاج التدريجي Incremental Development

وتعمل هذه الطريقة على إظهار الخصائص خاصية بخاصية على حسب ما تم انجازه لكى يستطيع المستخدم التعامل سريعا مع تلك الخاصية حتى إكمال باقي الوظائف.

3. طائفة الطرق الرشيقة: Agile Development

و تتميز تلك الطرق بالكفاءة و السرعة في آن واحد (الرشاقة). و خاصة في التعامل مع التغيير في المتطلبات.

سنتناول بالبحث هنا سبعة نماذج مختلفة تستخدم لتحليل و تصميم أنظمة المعلومات وهى تندرج تحت الثلاث طوائف الرئيسية السابق ذكرها, كالآتي:

الطرق الهيكلية أو التقليدية أو الكلاسيكية

Classical / Structured Development Models

1- هبوط المياه Waterfall

في هذا النموذج أو الطريقة يتم التسلسل المتوالى بين الست مراحل بدون السماح بالرجوع لمرحلة سابقة.

وفى هذا النظام لابد من إتقان كل مرحلة قبل إنهائها, لأنه لا يمكن الرجوع من مرحلة إلى مرحلة سابقة.

و من مميزات نظام هبوط المياه:

+) سهولة وبساطه العمليات و الترتيب Simplicity Of Order

+) تجبر المحللين والمبرمجين و المصممين على تحرى الدقة في العمل Forces Analysis
& Designer & Programmer to work thoroughly

+) النظام الناتج عادة يكون قياسيا (Optimal)

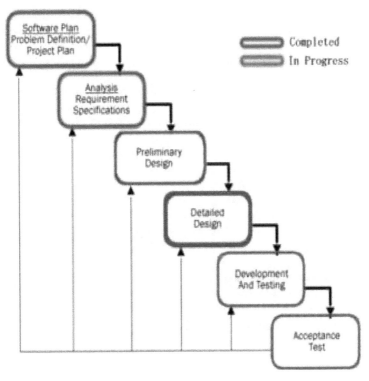

شكل رقم (3.1): نموذج هبوط المياه

و من عيوب نظام هبوط المياه:

-) عدم وجود مرونة في اكتشاف الأخطاء و تصحيحها

-) التكلفة العالية للمراحل المختلفة

2- الإنتاج المتوازى Parallel Development

وفيه يتم تقسيم الأفراد إلى فرق وعند انتهاء كل فريق من المهام المطلوبة منه يتم عمل التكامل.

ومن مميزات نظام الإنتاج المتوازى:

+) سرعة الإنتاج نظرا لتوزيع العمل.

من عيوب نظام الإنتاج المتوازى:

-) تكلفة التكامل المادية و الزمنية.

3- هندسة البرمجيات باستخدام المكونات:

CBSE (Component Based Software Engineering)

يتم التركيز على تقسيم المهام وليس الأفراد.

ثم نبحث لكل مكون أو مهمة عن شخص أو فريق لأدائها.

ومن مميزاته:

(+ يمكن لفريق في اى أنحاء العمل من إتمام المهام دون الربط بفريق معين .

(+ سرعه الإنتاج نظرا لتوزيع العمل

(+ اكتشاف ارتباط وتفاعل المكونات

و من عيوبه:

(- تكلفة التكامل

Rapid Application Development (RAD)   **طائفة الطرق السريعة**

معظم النماذج و الطرق في هذه الطائفة تتبع نموذج بويم (النموذج الحلزونى) لدرجة أو لأخرى.

Boehm's Model or Spiral Model

في نموذج بويم, نبدأ بمجموعة مصغرة من المتطلبات ثم نحللها و نصمم أو ننفذ نموذج مصغر لها, ثم نختبر ذلك النموذج المصغر, و في حالة قبوله, نبنى النظام النهائي أو الإصدار الحالي منه. و في حالة عدم قبول النموذج المصغر, نستمر في الدوران مع التعديل حتى يتم قبول النموذج المصغر في إحدى دورات الحلزون.

The Spiral Model

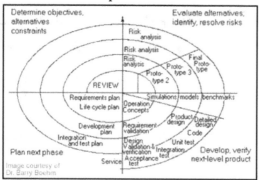

Development plan

شكل رقم (3.2) نموذج بويم (النموذج الحلزونى)

4- الإنتاج على مراحل أو إصدارات **Phased Development**

ويكون أو يعمل على إنتاج أول إصدار ويحتوى الإصدار الأول على المهام الاساسيه أو الاوليه التي يستطيع المستخدم التفاعل معها إلى حين اكتمال الإصدار الثاني حتى يكتمل البرنامج .

من مميزاته:

+) زيادة تدريجية في الوظائف.

+) إصلاح أخطاء الإصدار الأول.

+) السماح للمستخدم ببدء استخدام النظام (جزء منه) مبكرا.

و من عيوبه:

-) النظام النهائي الناتج عادة لا يكون قياسيا (Optimal)

و ذلك لعدم وضع جميع المتطلبات سويا منذ البدء.

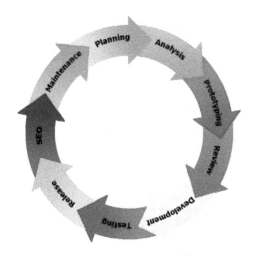

شكل رقم (3.3) مرحلة أو إصدار من الإنتاج على مراحل (الإصدارات)

5- طريقة النمذجة المصغرة للنظام   **Prototyping**

وهو يختبر مدى جوده النظام أثناء العمل على نطاق مصغر ,وفى حاله رفض النموذج الأول يتم عمل نموذج أخر حتى يتم قبوله ثم نكمل العمل .

ملحوظة: النموذج يكون على مستوى التنفيذ

ومن مميزاته:

+) اكتشاف الأخطاء مبكرا بتكلفه قليلة بدلا من اكتشافه بعد بناء النظام بأكمله.

ومن عيوبه:

-) تكلفة بناء النموذج المصغر.

6- النمذجة المصغرة (مع سهوله التخلص من النموذج) Throwaway Prototyping

ويكون هنا النموذج المصغر على مستوى التصميم.

ومن مميزاته:

+) اكتشاف الأخطاء مبكرا بتكلفه قليلة بدلا من اكتشافه بعد بناء النظام بأكمله.

+) قلة تكلفة بناء تصميم النموذج المصغر.

ومن عيوبه:

-) عدم وضوح جميع التفاصيل عند اختبار النموذج المصغر التصميم.

النوع الثالث هو طرق الإنتاج الرشيقة **Agile**

و من أشهر أنواعه:

7- البرمجة الحدية **Extreme Programming**

وفيها يتم اتباع عدة تقاليد لضمان جودة و صحة المنتج في كل خطوة, منها:

أ- اختبارات دوريه في وجود المستخدم

ب-أزواج من المبرمجين (لتحرى الدقة في البرمجة)

ت-بناء المشروع قائم على و يعتمد كليا على الاختبارات المتعاقبة

ث- التجميع المستمر لأجزاء النظام المعلوماتى

ج- المحافظة على استمرارية البناء و الاختبار

وهو من أسرع الطرق في العمل وفى سرعه وصول جزء من المنتج الى المستخدم في صوره يمكن الاستفادة منها.

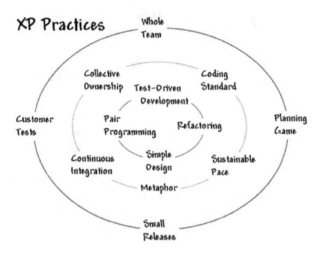

شكل رقم (3.4) البرمجة الحدية

ومن مميزاته:

+) جعل المستخدم في دائرة البناء و الضوء منذ بدء العمل في النظام المعلوماتى.

ومن عيوبه:

-) تكلفة الاختبارات الكثيرة و المتتالية.

-) النظام الناتج عادة لا يكون قياسيا (Optimal)

أسئلة مراجعة للفصل الثالث

1. ما الفرق بين الطرق التقليدية و الطرق السريعة و الطرق الرشيقة؟

2. اشرح بالتفصيل نموذج هبوط المياه.

3. اشرح بالتفصيل نموذج الإصدارات.

4. اشرح بالتفصيل نموذج التقسيم لمكونات.

5. اشرح بالتفصيل نموذج البرمجة الحدية.

6. اشرح بالتفصيل نموذج الإنتاج على التوازى.

7. اشرح بالتفصيل نموذج النمذجة المصغرة.

8. اشرح بالتفصيل نموذج النمذجة المصغرة على مستوى التصميم.

9. اشرح مع الرسم نموذج بويم.

الفصل

الرابع

الفصل الرابع

بعض الأنظمة الهامة
Some Important Systems

هناك ثلاث أنظمه مهمة يجب التعرف عليها وهى:

1- النظام القديم الهام Legacy System

نظام غير حديث لكنه يؤدى وظيفة مهمة و يصعب جدا إحلاله.

لا يمكن عمل تحديث له لأنه عادة تواجه ذلك عدة صعوبات وهى:

أ- تكلفة عالية للإحلال $

ب- خطورة الإحلال risk

ت- معقد البناء

ملحوظة: إذا تم التخلص من تلك المشكلات يكون من السهل عمل إحلال للنظام وتحديثه.

من أمثلة النظم القديمة الهامة, نظام فواتير المستهلكين في شركة الكهرباء أو المياه.

كذلك أيضا نظام المعاشات في الدولة.

تلك الأنظمة تعمل على الحاسوب منذ أمد بعيد و خطورة إحلالها كبيرة.

2- النظام الحرج   Critical System

وهو نظام يكون الفشل فيه يؤدى إلى كارثة.

و توجد عدة أنواع من الأنظمة الحرجة, منها:

نظام حرج على مستوى المهمة

نظام حرج على مستوى السرية

نظام حرج على مستوى الأمان

مثال:

ـالفشل في نظام مكوك فضاء يؤدى إلى كارثة ماديه وبشريه كبيره, كما حدث في مكوك الفضاء الأمريكي تشالينجر (المتحدى).

من أهم مميزات إنتاج النظام الحرج:

+)أكثر دقة في البناء .

+)اختبارات غاية في الصعوبة والتدقيق تؤدى لإنتاج نظام غاية فى الوثوق

من عيوب النظام الحرج:

-) التكلفة العالية في البناء

-) التكلفة العالية في الاختبار

3- النظام التقني الاجتماعى   Socio – Technical - System

وهو نظام يراعى العامل البشرى و الاجتماعي بجانب مراعاته للجانب التقنى.

و فى مثل ذلك النظام يجب مراعاة عدة أشياء (سبعة) كما هو موضح بالشكل التالى, و كما يلى شرحه.

1. الهاردوير
عتاد النظام المعلوماتى (الهاردوير) الذى يبنى فوقه النظام. ذلك العتاد من خوادم (سيرفرات) و حواسيب شخصية و بنية شبكية يجب تحديده لبناء النظام.

2. نظام التشغيل
نظم تشغيل خوادم و حواسيب العتاد مثل ويندوز أو يونيكس.

3. اتصالات البيانات

كيفية و طرق الاتصال بين حواسيب و نقاط النظام المعلوماتى المختلفة من شبكات و طبوغرافيا و وسائط توصيل و نظم تشغيل شبكات.

4. التطبيقات

البرامج المختلفة المستخدمة في النظام المعلوماتى. و غالبا ما تكون تلك الأنظمة تجارية.

5. قوانين العمل

قوانين و قواعد العمل المتعارف عليها.

6. قوانين المؤسسة

قواعد و قوانين المؤسسة بعينها التى يعمل فيها الأفراد.

7. قواعد المجتمع

قواعد و تقاليد و أعراف المجتمع الذى يستخدم فيه النظام المعلوماتى.

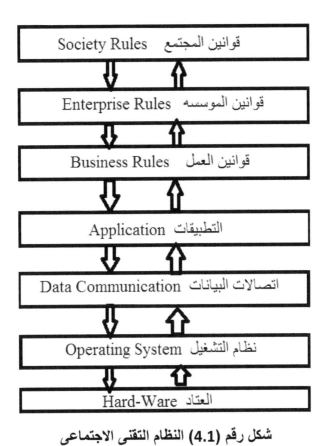

شكل رقم (4.1) النظام التقنى الاجتماعى

أسئلة مراجعة للفصل الرابع

1. ما المقصود بالأنظمة التقنية الاجتماعية؟ بين طبقاتها السبع بمخطط؟

2. ما الفرق بين النظام الحرج و النظام القديم الهام؟

الفصل الخامس

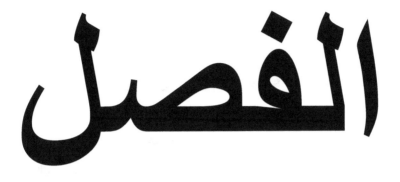

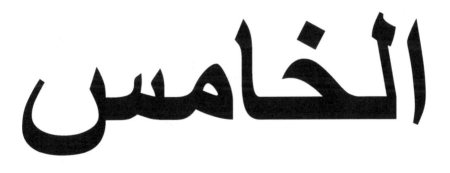

الفصل الخامس

التخطيط / جمع المتطلبات / دراسات الجدوى
Planning / Requirements Gathering / Feasibility Studies

أول مراحل دورة حياة إنشاء البرمجيات هي مرحلة:

التخطيط وجمع المتطلبات

Requirement Gathering & Planning

و عادة يتم فيها أيضا عمل:

دراسات الجدوى Feasibility Analysis

وتنقسم دراسات الجدوى إلى ثلاثة أنواع:

1- الجدوى الاقتصادية Economic Feasibility

و هنا نهتم بدراسة مدى ربحية المشروع و جدوى إنشائه من الناحية الاقتصادية.

فعادة لابد أن نستفيد ماديا من المشروع الذى نبنيه.

و في حالة عدم جدوى مشروع النظام المعلوماتى اقتصاديا, يتم الاستغناء عنه بنظام يدوى أو يتم البحث عن نظام معلوماتى آخر ذي جدوى اقتصادية.

من أهم العوامل التي يتم اعتبارها هنا هو:

المرجوع الاستثماري للمشروع   Return On Investment (ROI)

و هو مقدار المرجوع من الاستثمار مطروحا منها تكلفة الاستثمار ثم مقسوما على تكلفة الاستثمار للمشروع. (Gain – Cost) / Cost

و نهتم أيضا بالمدة الزمنية التي سيستغرقها المشروع لحين الوصول إلى نقطة الربحية.

تعريف **نقطة الربحية**: وهى نقطة التعادل التي يبدأ بعدها الربح من المشروع.

2- الجدوى التقنية   Technical Feasibility

مدى إمكانية تحقيق النظام أو تنفيذه في ظل حالة التكنولوجيا الحالية.

مثال: إذا عرض علينا أحد الأشخاص تنفيذ نظام معلوماتى يماثل و يكافىء العقل البشرى في جميع وظائفه و من جميع النواحى, فهنا يأتي دور الجدوى التقنية لرفض مثل ذلك العرض. إن حالة الذكاء الاصطناعى أو الذكاء الحاسوبى الآن لا تسمح بتنفيذ مثل ذلك المشروع. و قد لا تسمح حتى في المستقبل!

3- الجدوى المجالية "المجتمعية" Domain Feasibility

سوف نقوم هنا بدراسة مدى تقبل المجتمع للنظام المعلوماتى المزمع إنشاؤه.

في حالة تقبل المجتمع له, فلدينا ضوء أخضر لتنفيذ المشروع المعلوماتى من الناحية المجتمعية.

في حالة عدم تقبل المجتمع للمشروع, فالأفضل تركه, أو البحث عن مشروع بديل.

حتى لو كان المشروع له جدوى اقتصادية و تقنية, فلابد أن يكون مقبولا مجاليا و مجتمعيا.

__مثال 1:__ لا توجد جدوى مجالية أو مجتمعية لنظام معلوماتى يستخدم في المطبخ لمتابعة المقادير المستخدمة في تحضير كل طبق أو طبخة.

__مثال 2:__ لا توجد جدوى مجالية أو مجتمعية لنظام معلوماتى يستخدم في قرية نائية لمراقبة إشارات المرور الضوئية و التحكم فيها إلكترونيا حسب عدد و كثافة العربات في كل اتجاه.

عادة في مرحلة التخطيط و ما بعدها نواجه عدة خيارات لأداء نفس المهمة.

يفضل في مثل هذه الحالة اتباع **التحليل الكمى** **Quantitative Analysis**

التحليل الكمى يسمح لنا بمقارنة الخيارات المتاحة على حسب أهمية و وزن عواملها المختلفة و

مدى نجاحها في ملائمة كل عامل منها.

عادة ما نستخدم هنا **مصفوفة الخيارات ذات الأوزان**

Weighted Alternative Matrix

<u>مثال استخدام:</u> عند إنشاء نظام أو برنامج أو مشروع يكون هناك العديد من الاختيارات من الأنظمة السبعة السابق دراستها في الفصل الثالث. ولذلك لابد من عمل مفارقة بينهم لاختيار النظام الأفضل والأنسب وذلك عن طريق استخدام مصفوفة الخيارات ذات الأوزان كما في الجدول التالى:

خلية التقييم	الـوزن المناظر	الخيار الأول	وزن	الـخـيـار الثاني	وزن	الـخـيـار الثالث	وزن	الـخـيـار الرابع	وزن
سهوله وسرعه التصميم	40%	9	3.6	7	2.8	8	3.2	8	3.2
الكفاءة والدقة	30%	8	2.4	9	2.7	8	2.4	7	2.1
سهولة الصيانة	30%	10	3.0	7	2.1	6	1.8	7	2.1
الاجـمــــالـــى TOTAL	100%	أحسن خيار	9.0		7.6		7.4		7.4

شكل رقم (5.1) مثال لمصفوفة الخيارات ذات الأوزان. تتراوح الأوزان هنا من 0 إلى 10.

وكما نرى في الجدول السابق أن الخيار الأول هوا الخيار الأفضل وذلك لحصوله على اعلي وزن, ألا وهو 9.0.

ومن أهم مخرجات مرحلة التخطيط و جمع المتطلبات:

مستند الخصائص ومتطلبات النظام

System Requirements & Specifications Document(SRS)

وينقسم هذا المستند إلى شقين:

أ- متطلبات وظيفية (ماذا يؤدى النظام) **Functional Requirements**

و تشتمل على الوظائف و الأفعال الرئيسية التي يؤديها النظام أو المطالب بأدائها.

ومن أمثلة المتطلبات الوظيفية:

*-متطلبات المدخلات Input Requirements

*-متطلبات المخرجات Output Requirements

*-متطلبات المعالجة Processing Requirements

ب- متطلبات غير وظيفية (كيف يؤدى النظام عمله **Non-Functional Requirements**

و تشتمل على خواص و كيفية أداء النظام لعمله.

ومن أهم أمثلتها:

الاعتمادية - Dependability

وتنقسم الاعتمادية إلى أربعة أفرع رئيسية:

أولا: السرية Security

و من أهم أنواعها تدقيق الهوية و السماحية.

تدقيق وفحص الهوية: هو تحديد من يسمح له بالدخول للنظام.

السماحية: هى ماذا يمكن للمستخدم فعله بعد دخول النظام.

وهناك درجات للسماحية. كما هو موضح بالشكل التالى, مع ملاحظة أنه تزداد درجة السماحية كلما صعدنا لأعلى.

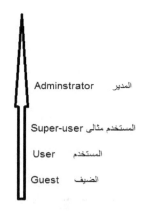

شكل رقم (5.2) تدرج أنواع السماحية المختلفة

ثانيا: الإتاحية   **Availability**

هى مدى عمل النظام من الناحية الزمنية. أي مدى إتاحية النظام للعمل عليه للمستخدم.

هل يعمل طول الوقت أو 90% مثلا من الوقت أو 50% أو اقل أو أكثر لخدمة المستخدم؟

كلما زادت إتاحية النظام كلما كان أفضل (عادة).

ثالثا: الأمان   **Safety**

هو أن يكون النظام غير مضر بالبيئة أو المستخدم.

عادة ما يكون هذا البعد غير هام في حالة الأنظمة المعلوماتية, خاصة التجارية منها.

رابعا: الوثوق والدقة Reliability

أن يكون النظام يؤدى المهام المنوطة به بالدقة المطلوبة والاحترافية المناسبة مع مراعاة جميع المقاييس والمعلومات المعطاة و المتطلبات.

<u>*مثال 1:*</u> في نظام قبول و تسجيل طلاب الجامعة, يجب مراعاة حساب المعدل التراكمى في صورة 0.00 أى رقمين على يمين العلامة العشرية و رقم واحد على يسارها. و أن يتراوح من الصفر إلى أربعة [0..4]. فإذا تم حساب المعدل التراكمى كثلاثة أرقام عشرية على يمين العلامة بدلا من اثنين يكون ذلك خطأ فى الوثوق.

<u>*مثال 2:*</u> فى نظام المخازن قد تكون كمية المخزون بها كسور مثل السوائل. قد يطلب حفظ كمية الوارد و المنصرف لكسرين عشريين. لو تم حسابها لكسر عشرى واحد, قد يعد ذلك خطأ فى الوثوق.

أسئلة مراجعة للفصل الخامس

1. ما الفرق بين المتطلبات الوظيفية و غير الوظيفية؟

2. كيف تختلف الجدوى الاقتصادية عن التقنية عن المجالية؟

3. ما أهمية التخطيط قبل بدء المشروع؟

4. استخدم مصفوفة الخيارات ذات الأوزان التالية, لتحديد أفضل اختيار. لاحظ أن التقييم يتراوح من 1 إلى 5.

وزنه	الاختيار الرابع	وزنه	الاختيار الثالث	وزنه	الاختيار الثاني	وزنه	الاختيار الأول	الوزن النسبى%	الاختيار خاصية
	5		5		4		5	20	خ1
	2		5		4		1	10	خ2
	5		5		4		3	15	خ3
	3		1		2		2	25	خ4
	1		1		2		2	30	خ5
								100%	مجموع

الفصل السادس

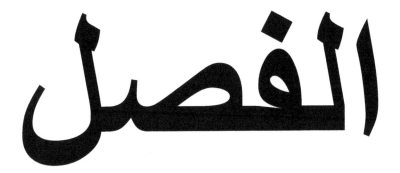

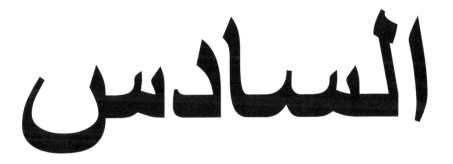

الفصل السادس

تحليل النظام (تحليل المتطلبات)
System Analysis

وفى هذه المرحلة يتم أداء عدة مهام خاصة بدراسة و تحليل المتطلبات التي تم جمعها في المرحلة الأولى من دورة حياة إنشاء البرمجيات. من أمثلة ذلك:

أ- إزالة التعارض بين المتطلبات

ب- اكتشاف النقص في المتطلبات

ت- اكتشاف التكرار بين المتطلبات

ومن مخرجات هذه العملية:

Use Cases حالات الاستخدام

تعريف حالة الاستخدام: هى وصف وتوضيح العلاقة ما بين المستخدم والنظام تحت ظرف معين و استخدام معين للنظام المعلوماتى.

و يمكن شرح و توصيف حالة الاستخدام بالطريقتين التاليتين وهما:

أ- مخطط حالة الاستخدام

Use –Case-Diagram

كما هو موضح بالشكلين التاليين.

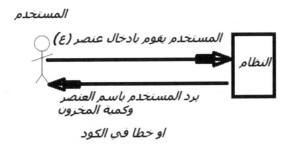

شكل رقم (6.1) حالة استخدام

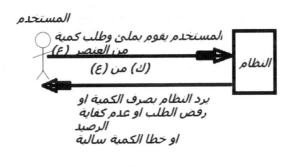

شكل رقم (6.2) حالة استخدام أخرى

كما يتم استخدام:

ب- ملف أو فورم حالة الاستخدام

Use-Case-Form

كما هو موضح بالشكل التالى.

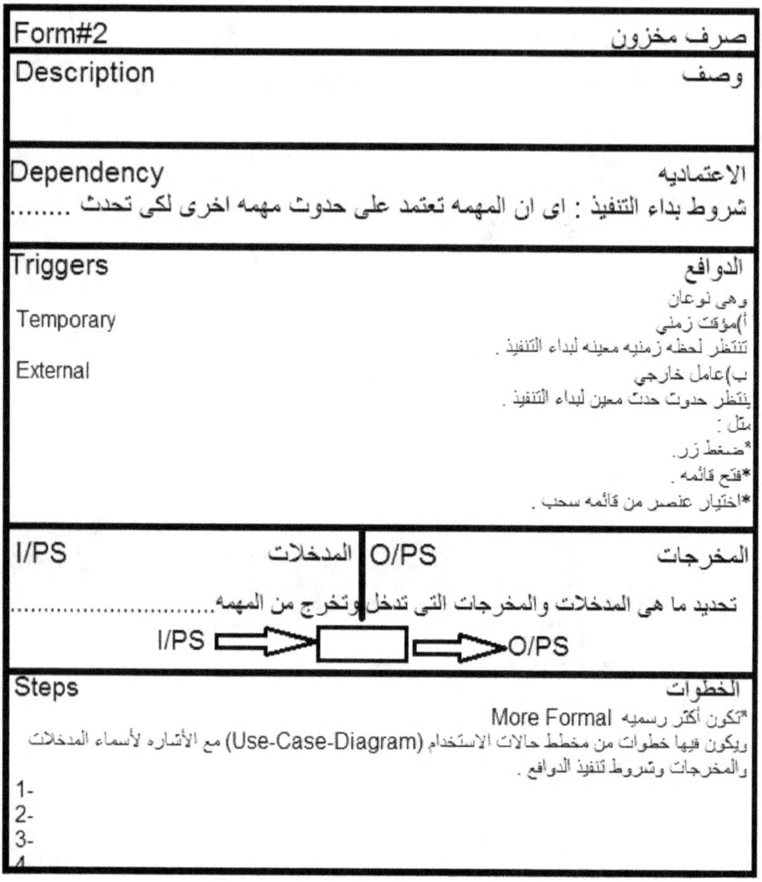

صرف مخزون	Form#2

وصف / Description

الاعتماديه / Dependency

شروط بداء التنفيذ : اى ان المهمه تعتمد على حدوث مهمه اخرى لكى تحدث ....

الدوافع / Triggers

وهى نوعان
أ)مؤقت زمنى   Temporary
تنتظر لحظه زمنيه معينه لبداء التنفيذ .
ب)عامل خارجى   External
ينتظر حدوث حدث معين لبداء التنفيذ .
مثل :
*ضغط زر .
*فتح قائمه .
*اختيار عنصر من قائمه سحب .

المخرجات / O/PS   المدخلات / I/PS

تحديد ما هى المدخلات والمخرجات التى تدخل وتخرج من المهمه ....

I/PS ⟹ ☐ ⟹ O/PS

الخطوات / Steps

*تكون أكثر رسميه More Formal
ويكون فيها خطوات من مخطط حالات الاستخدام (Use-Case-Diagram) مع الأشاره لأسماء المدخلات والمخرجات وشروط تنفيذ الدوافع .

1-
2-
3-
4

شكل (6.3) نموذج حالة استخدام

لاحظ أن النموذج أعلاه يحتوى على معظم ما يحتاجه المصمم للنظام من مدخلات و

مخرجات و خطوات تنفيذ, إلخ...

أسئلة مراجعة للفصل السادس

1. ما المقصود بتحليل المتطلبات؟

2. ارسم حالة استخدام لطالب يحسب معدله التراكمى.

3. قم بملء نموذج حالة الاستخدام في شكل رقم (6.3) لسؤال رقم 2.

الفصل السابع

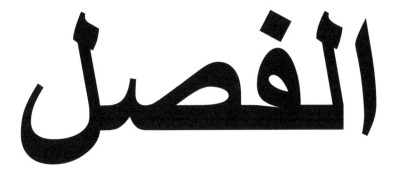

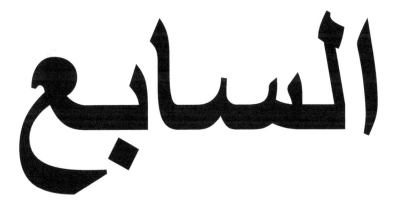

<u>الفصل السابع</u>

تصميم النظام
System Design

و الآن المرحلة الثالثة من دورة حياة إنشاء البرمجيات, و هي التصميم, أي بناء النظام المعلوماتى على الورق من خلال مخططات و رسومات. يعتبر الكثيرون أن هذه المرحلة هي أهم و أصعب مرحلة.

هناك طريقتان أساسيتان يمكن اتباعهما في مرحلة التصميم:

التصميم التقليدي والتصميم الشيئي.
Classical Design & Oriented Object Design (OOD)

أولا: التصميم التقليدى:
Classical Design

وهو التصميم خطوة بخطوة و نقوم فيه ببناء مخططات سريان البيانات ثم مخططات علاقات الكينونات.

مخطط سريان البيانات Data Flow Diagram (DFD)

و هو مخطط يوضح كيفية انسياب و سريان البيانات من مكان تخزين أو علاقة لمكان أو علاقة أخرى.

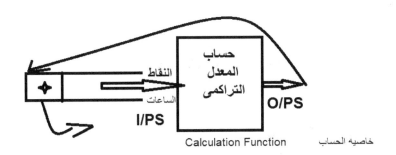

هنا يتم حفظ المعدل التراكمى بعد حسابه..

شكل رقم (7.1) مخطط سريان البيانات لحساب المعدل التراكمى

ملحوظة:يكون في المخطط لسريان أو تدفق البيانات على مراحل أو مستويات وفى كل مستوى يتم أضافه تفاصيل أكثر إلى المخطط.

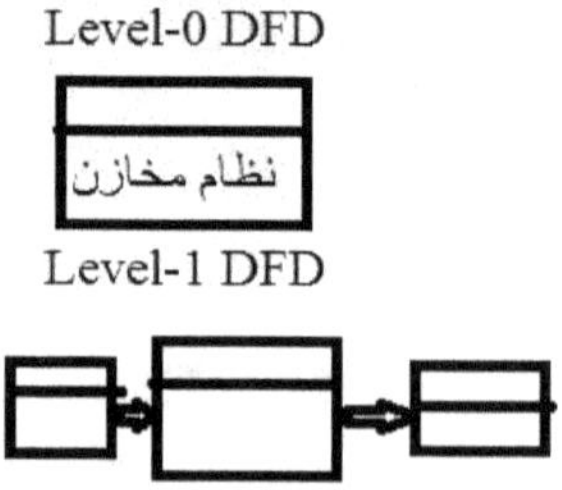

Level-0 DFD

Level-1 DFD

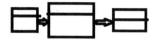

شكل رقم (7.2) مستوى 0 و مستوى 1 في مخطط سريان بيانات لنظام مخازن

يتكون مخطط سريان البيانات لنظام معلوماتى من عدة مستويات:

مستوى 0: و يكون عبارة عن كينونة ممثلة للنظام ككل.

مستوى 1: و يتم فيه تحويل الكينونة الوحيدة في مستوى 0 إلى الكينونات الرئيسية المتفاعلة مع بعضها البعض في النظام.

مستوى 2: و يتم فيه تحويل كل كينونة من مستوى 1 إلى كينونة أو أكثر – حسب درجة التعقيد- و تمثل هذه الكينونات الجديدة تفاصيل أداء المهمة التي كانت تمثلها و تقوم بها الكينونة المناظرة في مستوى 1.

و نستمر هكذا فيمكن وجود مستوى 3 و 4 و 5 و أكثر حسب درجة تعقيد و حجم النظام.

مخطط علاقات الكينونات Entity Relationship Diagram (ERD)

هنا نقوم بدراسة التفاعل و العلاقة بين كل كينونتين.

توجد ثلاث علاقات رئيسية:

1:1   واحد – إلى – واحد

لكل سجل في العلاقة الأولى يوجد سجل واحد – و واحد فقط مناظر له في العلاقة الثانية.

1:ك   واحد – إلى – كثير

لكل سجل في العلاقة الأولى يوجد أكثر من سجل – و قد يوجد لبعضهم سجل واحد فقط مناظر له في العلاقة الثانية.

لاحظ أن العلاقة ك:1 هي مجرد عكس للعلاقة 1:ك.

ك:ك   كثير – إلى – كثير

لكل سجل في العلاقة الأولى يوجد أكثر من سجل – و قد يوجد لبعضهم سجل واحد فقط مناظر له في العلاقة الثانية. و أيضا لكل سجل في العلاقة الثانية يوجد أكثر من سجل – و قد يوجد

لبعضهم سجل واحد فقط مناظر له في العلاقة الأولى.

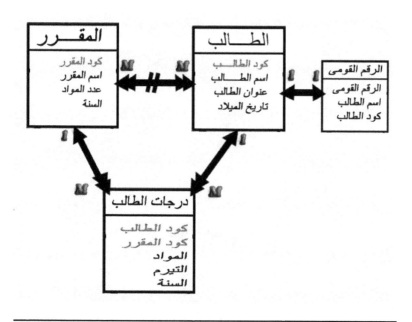

شكل رقم (7.3) مخطط علاقات الكينونات لنظام تسجيل المقررات

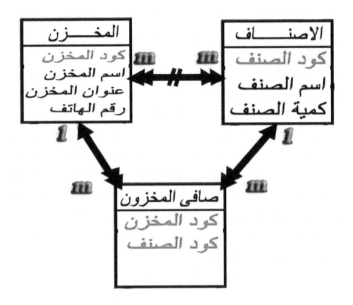

شكل رقم (7.4) مخطط علاقات الكينونات لنظام المخازن

نمذجة العلاقات   **Relation Normalization**

هنا سنقوم ببحث وضع العلاقات في إحدى الصيغ النموذجية.

فوائد النمذجة:

+) تسهيل صيانة البيانات
+) منع تكرار البيانات في السجل الواحد
+) منع تكرار البيان الواحد في أكثر من مكان – بقدر الإمكان-

عيوب النمذجة:

- كسر العلاقات الأصلية لعلاقات فرعية أصغر
- تكرار الحقل المفتاحي في السجلات الناتجة عن كسر علاقة رأسيا
- عدم وضوح الرؤية بالنسبة لعلاقة البيانات الأصلية

الصيغة غير النموذجية: (غ)

هنا يسمح بوجود مجموعات متكررة في السجل الواحد.

مثال 1: درجات الطالب فى جميع المقررات في سجل واحد

مثال 2: تسجيل الطالب في جميع الأنشطة في سجل واحد

مثال 3: أسماء جميع الطلاب الراسبين في مقرر معين في سجل واحد

الصيغة النموذجية الأولى: (1)

هنا يتم كسر العلاقة الأصلية رأسيا للتخلص من التكرار.

مثال 1: ننشىء علاقة مفتاحها الرئيسى هو كود الطالب مع كود المقرر. و بهذا يتم الاستغناء عن التكرار الأفقى في العلاقة الأصلية بتكرار سجلات رأسيا في العلاقة الناشئة. بحيث يكون لكل مقرر للطالب سجل خاص به.

مثال 2: ننشىء علاقة مفتاحها الرئيسى هو كود الطالب مع كود النشاط. و بهذا يتم الاستغناء عن

التكرار الأفقى في العلاقة الأصلية بتكرار سجلات رأسيا في العلاقة الناشئة. بحيث يكون لكل نشاط للطالب سجل خاص به.

مثال 3: ننشىء علاقة مفتاحها الرئيسى هو كود المقرر مع كود الطالب الراسب في المقرر. و بهذا يتم الاستغناء عن التكرار الأفقى في العلاقة الأصلية بتكرار سجلات رأسيا في العلاقة الناشئة. بحيث يكون لكل طالب راسب في ذلك المقرر سجل خاص به.

الصيغة النموذجية الثانية: (2)

نتأكد هنا أن جميع الحقول غير المفتاحية تعتمد على الحقل المفتاحى بأكمله, و ليس جزءا منه فقط.

الصيغة النموذجية الثالثة: (3)

نتأكد هنا أن جميع الحقول غير المفتاحية تعتمد على الحقل المفتاحى فقط, و ليس على بعضها البعض.

أي أنه لا يوجد اعتماد دالى بين حقل غير مفتاحى و حقل غير مفتاحى آخر.

Functional Dependency

ثانيا ـالتصميم الشيئي:

Object Oriented Design (OOD)

وهو تصميم يتم فيه تعريف الأشياء المتفاعلة في النظام و تصرفاتها و الأشياء المطلوب من البرنامج عملها وهو يعمل وينفذ ذلك من خلال أفعال الأشياء في النظام.

مــثــال: إذا تم طلب رسم مستطيل يتم تعريف الحدود للمستطيل (طول وعرض) ووضع داله الرسم Draw

و هكذا تتعلم أشياء البرنامج أن ترسم نفسها بنفسها من خلال الأشياء أو الأفعال التي تم تعريفها.

بمعنى آخر:

هى نمذجة المشكلة (البيئة المحيطة) في صوره فئات تتفاعل منها الأشياء بعضها مع البعض.

Model Problem into Interacting Classes

من أهم المزايا:

+) إعادة الاستخدام Reuse

+) ملائمة التعديل

+) الشبه و القرب من الحياة الطبيعية

O. O. Design (OOD)

نقوم هنا بنمذجة و تصميم المشكلة كفئات. بحيث تكون كل فئة مثال و مخطط رسم لجميع الأشياء المندرجة تحتها.

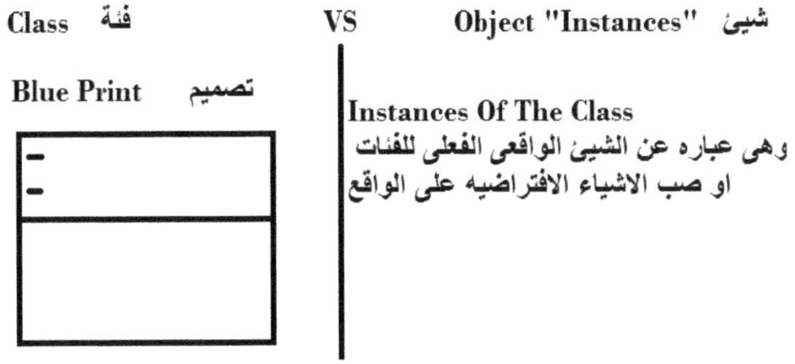

Class فئة	VS	Object "Instances" شيئ
Blue Print تصميم		Instances Of The Class

وهى عباره عن الشيئ الواقعى الفعلى للفئات او صب الاشياء الافتراضيه على الواقع

شكل رقم (7.5) الفئة و المثال من الشىء

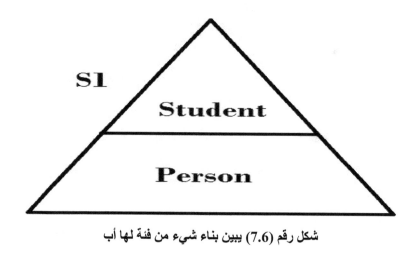

شكل رقم (7.6) يبين بناء شيء من فئة لها أب

عند بناء شيء تبعا لفئة يتم بنائه من أعلى لأسفل في حالة وجود إرث من فئأت أبوية. بحيث تكون الفئة الأب هى قاعدة البناء و الفئة الابن هى قمة البناء, كما في الشكل السابق.

عند وجود إرث على أكثر من مستوى (3 مثلا), يتم البناء بنفس الطريقة الفئة الجد هي قاعدة الهرم, ثم الفئة الأب هي الدور العلوى, ثم الفئة الابن هي قمة الهرم.

فى البرمجة الشيئية يتم العمل على مراحل إنشاء البرمجيات الست كالعادة.

ولكن في مرحله التصميم قبل عمل مخططات علاقات الكينونة يتم عمل مخططات:

لغة النمذجة الموحدة.

UML : Unified Modeling Language

وهى عبارة عن نماذج ورسومات لتوضيح العلاقات بين الفئات و كذلك بين الفئة الأب و الفئة الابن, أى توضيح الإرث المنقول من الفئة الأساسية أو قاعدة الهرم إلى الفئة الأعلى.

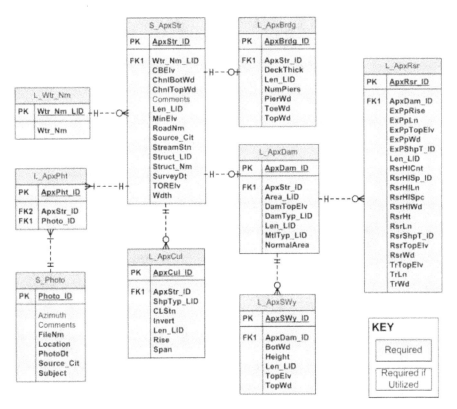

شكل رقم (7.7) مثال لمخطط نمذجة موحدة

- ولتوضيح **الفئة**   **Class**

الفئة هي مخطط بناء للأشياء المنتمية لتلك الفئة. و تتكون الفئة من:

أ-**الخصائص**   **Properties**

و هي صفات الفئة التى تخصص على حدة لكل شيء تابع لتلك الفئة, لتميزه عن الأشياء الأخرى المنتمية أيضا لتلك الفئة. مثل اللون أو الاسم.

ب-**الأفعال**   **Behaviors**

و هي التصرفات و الإجراءات الفئة التى تقوم الأشياء التابعة لتلك الفئة بأدائها لتنفيذ مهام البرمجيات. مثل حساب عمر الشخص, أو حساب المعدل التراكمى لطالب, أو رسم شكل هندسى على الشاشة.

من مميزات البرمجة الشيئية:

+) أخذ الخصائص والاستعانة بها في برنامج آخر

+) مشابهة الحياة الطبيعية

+) سهولة الصيانة

من عيوب البرمجة الشيئية:

-) الحاجة لوقت طويل للتعلم لاختلاف شكل التكويد عن البرمجة الإجرائية

-) كبر حجم كود البرامج بعد ترجمتها للغة الآلة

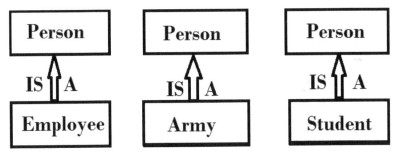

شكل رقم (7.8) يبين بناء عدة أشياء مختلفة من نفس الفئة الأب

لاحظ أنه في الرسم الموضح بـالـشكل الـسـابـق في الفئة الأب (الشخص) Person

تم نقل الصفات التي بها إلى الفئة الأخرى ـ فئة الابن- سواء كانت:

Employee أو Army أو Student

مع أضافه الإضافات أو الأشياء الخاصة بالفئة الابن لكل منهم.

مثال: تم نقل كل ما يوجد في فئة الشخص (الفئة الأب) إلى فئة الطالب (الفئة الابن) مع

إضافة الأشياء الخاصة بالطالب في الفئة الابن مثل المعدل التراكمى و المقررات.

وسوف نوضح المزيد من خواص لغة النمذجة الموحدة من خلال الشكل التالي.

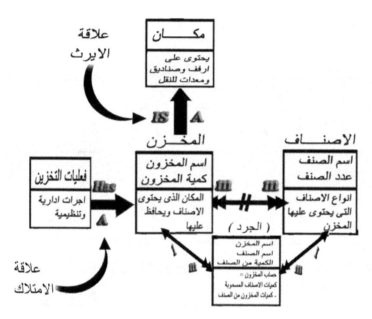

شكل رقم (7.9): كسر علاقة ك:ك و توضيح علاقة الإرث و الاحتواء لنظام مخازن

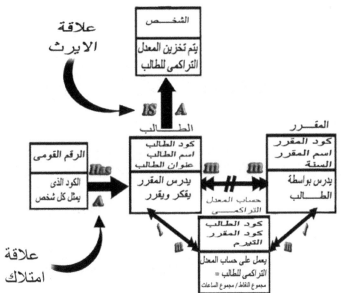

شكل رقم (7.10): كسر علاقة ك:ك و توضيح علاقة الإرث و الاحتواء لنظام تسجيل

أسئلة مراجعة للفصل السابع

1. ما الفرق بين التصميم التقليدي و التصميم الشيئى؟

2. قارن بين علاقة الامتلاك (الاحتواء) و علاقة الإرث؟

3. ارسم مخطط سريان بيانات لحساب المعدل التراكمى.

4. ارسم مخطط علاقات الكينونات لعلاقتى الطالب و المقرر.

5. ارسم مخطط علاقات الكينونات لعلاقات الطالب و المقرر و المحاضر.

6. ما الفرق بين علاقة الطبيعة و علاقة الاحتواء؟

7. وضح بالرسم تصميم الكينونات التالية مع بيان العلاقات بينهم:

Course Class	فئة المقرر
Student Class	فئة الطالب
National Record and Number Class	فئة السجل و الرقم القومى

8. حدد لكل علاقة, هل هى غير نموذجية (غ), نموذجية (1), (2), أو (3):

كود الطالب	**كود الترم**	مقرر1	مقرر2	مقرر3	مقرر4

كود المقرر	**كود الترم**	طالب1	طالب2	طالب3	طالب4

كود المخزن	كود الصنف1	كود الصنف2	كود الصنف3	كود الصنف4	كود الصنف5

كود المخزن	**كود الصنف**	الكمية

كود المخزن	**كود الصنف**	الكمية	سعر الصنف (ثابت)

كود المحل	**كود الصنف**	الكمية	سعر الصنف (متغير حسب المحل)

كود المخزن	**مدير المخزن**	عنوان المحل

الدولة	العاصمة	عدد السكان

الدولة	**العاصمة**	عدد السكان

الدولة	عدد السكان

الرقم القومى	**الاسم**	تاريخ الميلاد

كود الطالب	الرقم القومى	الاسم	تاريخ الميلاد

كود الطالب	**الرقم القومى**	الاسم	تاريخ الميلاد

73

الرقم القومى	كود الطالب	الاسم	تاريخ الميلاد

كود المبنى	عنوان المبنى	عدد الطوابق	سعر المبنى

كود المبنى	**عنوان المبنى**	عدد الطوابق	سعر المبنى

الفصل

الثامن

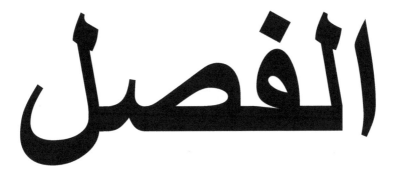

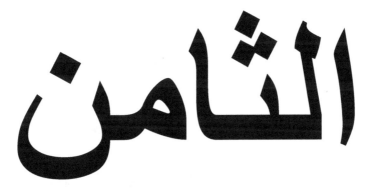

الفصل الثامن

تنفيذ النظام/التكويد

هنا يتم كتابة كود البرامج المناظرة لمخططات التصميم (سريان البيانات و علاقات الكينونات) باستخدام إحدى لغات البرمجة.

نستفيد هنا أيضا بالخوارزميات و مخططات الانسياب السابق وضعها في نماذج حالات الاستخدام و مرحلة التصميم.

من أشهر لغات البرمجة المستخدمة حاليا:

جافا Java
سى بلاس بلاس C++
فيجوال بيسك VB

كذلك قواعد البيانات المتعددة مثل:

أوراكل Oracle
فوكس برو FoxPro
فوكاس Focus
أكسس Access

لاحظ أن التكويد يعنى الكتابة الفعلية للبرامج و ترجمتها للغة الآلة لتجهيزها للاختبار في

المرحلة التالية من دورة حياة إنشاء البرمجيات.

البرمجة بالطبع تختلف عن مجرد كتابة خوارزمى أو رسم مخطط انسياب.

هنا نحن نحول الخوارزميات الموثقة في حالات الاستخدام ومخططات الانسياب و مخططات سريان البيانات و مخططات علاقات الكينونات لبرامج بإحدى لغات البرمجة ثم ترجمتها للغة الآلة (1 , 0).

أسئلة مراجعة للفصل الثامن

1. ما الفرق بين لغات البرمجة المختلفة؟

2. قارن بين مخطط الانسياب و كود البرنامج.

3. قارن بين مخططات التصميم و كود البرنامج.

الفصل

التاسع

<u>الفصل التاسع</u>

اختبار النظام

V&V Testing

لاحـــظ أهميـــة مرحلـــة الاختبـــار فـــي دورة حيــاة إنشـــاء البرمجيـــات مقارنـــة بـــنظم البرمجـــة العشـــوائية .

هنا نقوم باختبار النظام المعلوماتي و مدى مطابقته للمتطلبات و تنفيذه المطلوب منه بدقة.

يوجد نوعان أساسيان من الاختبارات:

1 . اختبار الصحة Validation :
<u>وهو هل أبنى النظام المطلوب فعلا؟</u>

هنا نتأكد أن النظام الذى يبنى (النمذجة التطورية و موديل بويم), أو تم بناؤه يتفق مع المتطلبات و يلبى حاجات المستخدم. أي أنه فعلا ما يراد بناؤه.

مثال 1: في نظام القبول و التسجيل للجامعة, لو لم يتم عمل وظيفة طباعة شهادة التقديرات للطالب, فهذا خطأ في صحة النظام.

مثال 2: في نظام القبول و التسجيل للجامعة, لو لم يتم عمل وظيفة حساب المعدل التراكمى للطالب, فهذا خطأ في صحة النظام.

2 . اختبار التدقيق Verification :

و هو هل أبنى النظام بدقة و كما ينبغى؟

هنا نسأل و نراجع هل مهام النظام تنفذ بالدقة المطلوبة.

مثال 1: في نظام القبول و التسجيل للجامعة, المعدل التراكمى يكون في صورة d.dd فلو قام المبرمج بزيادة رقم في أقصى اليمين, ليصبح d.ddd , فهذا خطأ تدقيق.

مثال 2: في نظام المخازن لشركة أو معرض, لو رصيد أو مخزون سلعة مثل التليفزيون به كسر , فهذا خطأ تدقيق.

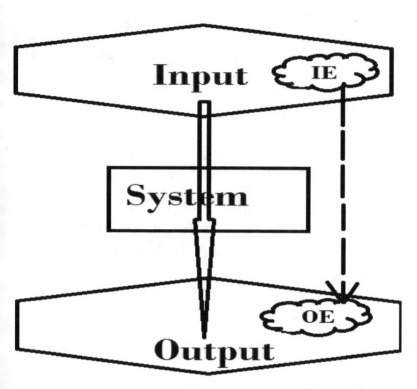

شكل رقم (9.1) مدخلات تكشف أخطاء النظام في مرحلة الاختبار.

هناك ثلاثة أنواع من الاختبار تصنف حسب مدى الاهتمام بالتفاصيل أم لا:

1- اختبار الصندوق الأبيض

White – Box – Testing

وهو اختبار التفاصيل الدقيقة لكل مكون من مكونات النظام من الداخل, آملا أن يكون هذا اختبارا لصلاحية النظام أيضا ككل.

الأنسب لهذا الاختبار عادة هو البرمجة الحدية وذلك لان البرمجة الحدية تدير و تقوم بعمل اختبارات دورية باستمرار على مستوى سطور البرمجة و أدق التفاصيل.

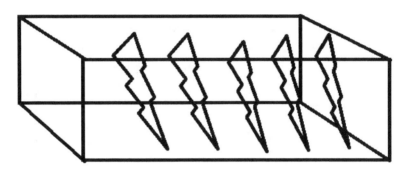

شكل رقم (9.2) اختبار الصندوق الأبيض

2- اختبار الصندوق الأسود   Black – Box – Testing

- اختبار أداء الوظيفة ككل للنظام بدون الاهتمام بتفاصيل عمل المكون.

- لا يختبر النظام من الداخل, بل يختبر على مستوى المدخلات والمخرجات. أى أننا

نختبر هل المخرج الناتج مناسب للمدخل المعطى أم لا.

- لا يهتم ذلك الاختبار بالتفاصيل داخل النظام, أي أنه أساسا يختبر المتطلبات.

من الأنظمة المناسبة له الإنتاج بالتقسيم لمكونات.

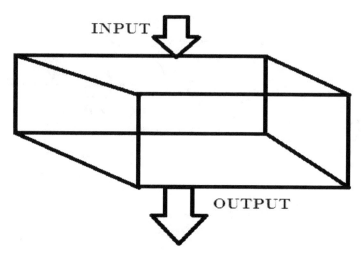

شكل رقم (9.3) اختبار الصندوق الأسود

3- اختبار الصندوق الرمادى

Gray – Box – Testing

وهو عبارة عن مزيج من (الصندوق الأبيض والأسود) بحيث أنه يختبر المدخلات والمخرجات ثم التفاصيل الخاصة بها فى النظام.

و النظام الأنسب له عادة هى نظام الإنتاج على مراحل أو الإصدارات , و أيضا هبوط المياه.

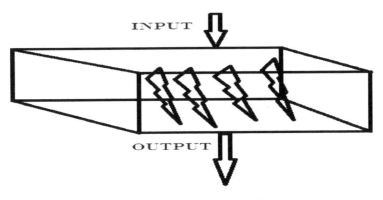

شكل (9.4) اختبار الصندوق الرمادى

أسئلة مراجعة للفصل التاسع

1. ما معنى اختبار الصحة؟

2. ما معنى اختبار التدقيق؟

3. قارن بين الاختبار الأبيض و الأسود و الرمادى.

4. اشرح بالتفصيل الفرق بين اختبار التصحيح و اختبار التدقيق. أعط مثالين لكلا منهما.

5. اشرح باستخدام نموذج بويم الوضع عند فشل الاختبار فى حالة اختبار الصحة و حالة اختبار الدقة.

6. وضح بالرسم علاقة المدخلات بالمخرجات فى الاختبار, مع بيان كيف يمكن تجهيز المدخلات لاكتشاف الأخطاء.

7. كيف تحكم كميا على مهارة المختبر؟

الفصل العاشر

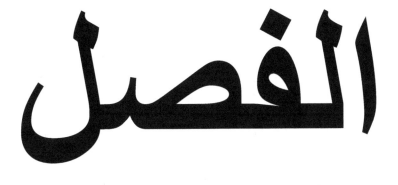

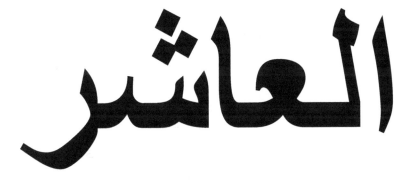

<u>الفصل العاشر</u>

تشغيل النظام
Deployment

في هذه المرحلة, يتم تشغيل النظام و استعماله بواسطة المستخدم الفعلى النهائي للنظام.

قديما قبل ظهور الويب, كان تشغيل النظام يعنى أن يذهب المبرمج لوضع البرنامج أو النظام على أجهزة الشركة.
أما الآن, فقد تغيرت الصورة, و أصبح من الممكن تشغيل نظام معلوماتى متكامل من على الشبكة العنكبوتية (الويب).

كما يمكن أن يتم وضع النظام عن بعد باستخدام شبكة الشركة (لان أو مان أو وان), أو باستخدام الإنترنت.

يتم تدريب المستخدمين على النظام في محل العمل عادة. كما يمكن أن يتم التدريب أونلاين على الشبكة العنكبوتية.

من الممكن بجانب بيع النظام للشركة, بيع عقد تدريب لمدة معينة, و أيضا عقد صيانة للنظام.

بعض شركات البرامج الكبيرة مثل آى بى إم تقوم ببيع النظام المعلوماتى مدمجا مع الهاردوير الخاص بها للشركات الكبرى. و ذلك لمضاعفة الربحية و تسويق منتجاتها, و بالتالى اكتساب شهرة في الأسواق.

و يكون عقد التدريب و الصيانة في هذه الحالة لكلا من الهاردوير و السوفتوير معا.

أسئلة مراجعة للفصل العاشر

1. ما معنى تشغيل النظام؟

2. كيف يختلف النظام المعلوماتى على الويب عن النظام المعلوماتى المحمل على حاسوبك الشخصى؟

الفصل الحادي عشر

الفصل الحادى عشر

إدارة المشاريع
Project Management

إدارة المشاريع هامة للكثير من التخصصات و الوظائف.

Project Management

فهى تمكننا من تحديد المهام و الاعتمادية بينها و بين بعض.

و أيضا تسهل علينا رؤية تقدم و خط سير المشروع.

عادة ما نرسم مخططين عند دراسة إدارة المشروع:

أ. **مخطط توالى المهام مع الزمن**   **Gantt**

يتم في هذا المخطط رسم قضبان عرضية للمهام.

كل قضيب يبدأ عند نقطة البدء الزمنية للمهمة

و ينتهى عند نقطة الانتهاء الزمنية لها.

المهمة الت تعتمد على مهمة أخرى في عملها لا تبدأ قبل انتهاء تلك المهمة

عند اعتماد مهمة على أكثر من مهمة, تبدأ عند انتهاء آخرهم.

مهام البدء هي المهام التي لا تعتمد على مهام أخرى.

عادة ما تبدأ مهام البدء من أول يوم في المشروع.

ب. مخطط الشبكة   **Pert**

في هذا المخطط تمثل المهام بصناديق مستطيلة أو بيضاوية.

ينبع سهم من كل مهمة معتمد عليها متجها إلى المهمة المعتمدة على تلك المهمة.

عادة ما نضع اسم المهمة و مدتها الزمنية داخل الصندوق الخاص بها.

المسار الحرج: هو مجموعة من المهام على مخطط جانت أو مخطط برت, حيث إن أى مهمة على المسار الحرج, إذا زادت مدتها يتأخر انتهاء العمل في المشروع يوما واحدا على الأقل.

<u>لتحديد المهام على المسار الحرج:</u>

يتم اختبار كل مهمة في المخطط بافتراض زيادة مدتها الزمنية يوما و حساب تأخر العمل في المشروع أم لا.

إذا حدث تأخر فذلك يعنى أن المهمة تقع على المسار الحرج.

و إذا لم يحدث تأخر (ممكن أن تؤدى الزيادة إلى انتهاء مسارها في نفس اليوم مع مسار آخر حرج سابق) فذلك يعنى أن المهمة لا تقع على المسار الحرج.

مثال 1:

حدد تاريخ البداية والنهاية ٬لقائمه المهام التالية في الجدول.

افترض أن كل الأيام أيام عمل٬ و ارسم مخطط برت ومخطط جانت.

قم بتمييز المسار الحرج على كل من الرسوم البيانية.

Task	Duration	Start	Finish	Dependency
T1	٧	2013Feb25th		
T2	٥			T1
T3	٤			T2
T4	٨			T3

شكل رقم (11.1) مثال معطى رقم 1 لإدارة المشاريع

الحل كما هو مبين بالأسفل:

المهمة	المدة	وقت البدء	وقت الانتهاء	الاعتمادية
T١	٧	٢٥فبراير٢٠١٣	٣مارس٢٠١٣	
T٢	٥	٤مارس٢٠١٣	٨مارس٢٠١٣	١
T٣	٤	٩مارس٢٠١٣	١٢مارس٢٠١٣	٢
T٤	٨	٤مارس٢٠١٣	١١مارس٢٠١٣	١

شكل رقم (11.2) جدول التواريخ لمثال رقم 1 لإدارة المشاريع

ملاحظة: يتم احتساب يوم البدء مع المدة كما هو موضح بالشكل للمهمة

T1 وقت البداء لها 25 فبراير والمدة المحددة لها 7 أيام فتم حسابها كالآتى:

مع اخذ في الاعتبار أن شهر فبراير 28 يوما في 2013, إذا 25 و 26 و27 و28 فبراير و 1 و2 و 3 مارس. وبذلك تنتهي المهمة في نهاية عمل اليوم السابع لها.

وبعد تحديد وقت البداية والنهاية لكل المهام, يمكن أن نرسم مخطط جانت.

مخطط جانت

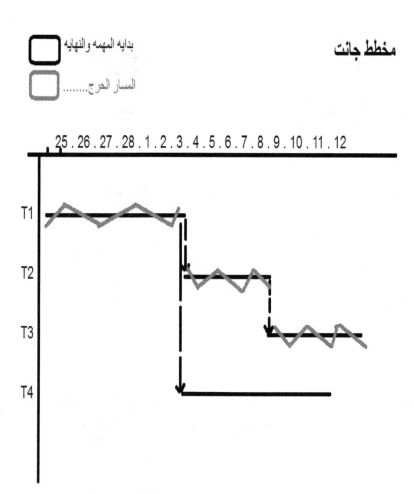

شكل رقم (11.3) مخطط جانت لمثال معطى رقم 1 لإدارة المشاريع

ثم يمكن أن نرسم أيضا مخطط برت:

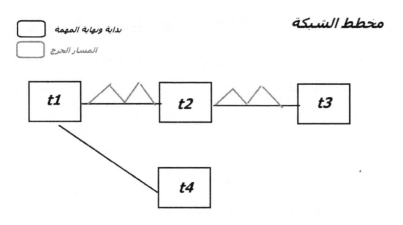

شكل رقم (11.4) مخطط برت لمثال معطى رقم 1 لإدارة المشاريع

لاحظ أن المسار الحرج مبين بخط متعرج على كلا المخططين. لاحظ أن المهام 1 و 2 و 3 تقع على المسار الحرج. أى مهمة منهم تتأخر يوما تؤدى لتأخر المشروع بأكمله يوما أيضا. بينما المهمة 4 لا تقع على المسار الحرج, لوجود يوم فراغ Slack فى نهايتها قبل نهاية المشروع الحالية.

وبذلك تم حل المثال رقم 1.

أسئلة مراجعة للفصل الحادى عشر

1. ما سبب أهمية إدارة المشاريع؟

2. اذكر أربعة مجالات عمل مختلفة يمكن أن يستفيد أصحابها من إدارة المشاريع.

3. قارن بين مخططى جانت و برت.

4. للجدول التالى, حدد تاريخ البدء و الانتهاء. افترض أن جميع الأيام أيام عمل. ثم ارسم مخطط جانت (توالى المهام مع الزمن), و مخطط برت (الشبكة). وضح المسار الحرج على كل مخطط.

المهام المعتمد عليها	الانتهاء	البدء	المدة بالأيام	المهمة	#
		21 نوفمبر 2013	6	م1	1
1			5	م2	2
2			4	م3	3
3			2	م4	4
4			5	م5	5

الفصل الثانى عشر

الفصل الثانى عشر

مصطلحات
Terminology

انسياب (مخطط) Flow Chart: هو مخطط يوضح تدفق التحكم أثناء تنفيذ خوارزمى معين على الحاسوب.

برت (مخطط) Pert Chart: في هذا المخطط تمثل المهام بصناديق مستطيلة أو بيضاوية. ينبع سهم من كل مهمة معتمد عليها متجها إلى المهمة المعتمدة على تلك المهمة. عادة ما نضع اسم المهمة و مدتها الزمنية داخل الصندوق الخاص بها.

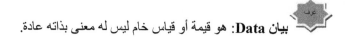

بيان Data: هو قيمة أو قياس خام ليس له معنى بذاته عادة.

جانت (مخطط) Gantt Chart: هو مخطط يستخدم في إدارة المشاريع. يتم في هذا المخطط رسم قضبان عرضية للمهام. كل قضيب يبدأ عند نقطة البدء الزمنية للمهمة, و ينتهى عند نقطة الانتهاء الزمنية لها. المهمة الت تعتمد على مهمة أخرى في عملها لا تبدأ قبل انتهاء تلك المهمة. عند اعتماد مهمة على أكثر من مهمة, تبدأ عند انتهاء آخرهم.

سريان البيانات (مخطط) Data Flow Diagram: يعبر عن تدفق و سريان البيانات أثناء تنفيذ جزء معين من النظام.

سوفتوير Software: هو المكونات غير المادية (غير الملموسة) للحاسوب. أى أنه البرامج الحاسوبية (البرمجيات) التي تدير الحاسوب و يستخدمها المستخدم.

علاقات الكينونات (مخطط) Entity Relationship Diagram: هو مخطط يوضح العلاقة بين كل كينونتين. قد تكون تلك العلاقة 1:1 أو 1:ك أو ك:ك.

متطلبات غير وظيفية (Non-Functional Requirements): تحدد كيف يؤدى النظام وظائفه. من أشهر أمثلتها الاعتمادية (Dependability).

متطلبات وظيفية (Functional Requirements): تحدد ماذا يؤدى النظام.

مسار حرج Critical Path: هو مجموعة من المهام على مخطط جانت أو مخطط برت, حيث إن أى مهمة منهم, إذا زادت مدتها يتأخر انتهاء المشروع يوما واحدا على الأقل.

معلومة Information: هي بيان أضيف معنى له.

نظام (النظام) عامة هو طريقة أو كيفية معالجة المدخلات وإنتاج مخرجات مع إمكانية السماح للمخرجات بالمشاركة في المدخلات المستقبلية.

نظام معلوماتى (نظام المعلومات الحاسوبى) (IS) metsyS noitamrofnI

يتكون من الهاردوير و السوفتوير و البيانات/المعلومات و القواعد المنظمة و الحاكمة لاستخدام النظام. النظام المعلوماتى هو نظام يتعامل مع المعلومات.

Information System = Hardware + Software + Information + Procedures

نظام معلوماتى اجتماعى (metsyS noitamrofnI oicoS) يتكون من الهاردوير و السوفتوير و البيانات/المعلومات و القواعد المنظمة و الحاكمة لاستخدام النظام, مضافا إليها الأشخاص المستخدمون للنظام.

Socio Information System (SIS) = Information System (IS) + People

هاردوير Hardware: هو المكونات المادية (الملموسة) للحاسوب.

الفصل الثالث عشر

الفصل الثالث عشر

مراجع
References

[1] S. Ambler (2008). *"The Agile System Development Life Cycle (SDLC)"* USA: Ambysoft & WWW: http://www.ambysoft.com/essays/agileLifecycle.html.

[2] A. Dennis, B. Wixom, and R. Roth (2006). *"Systems Analysis & Design, 3rd ed."* USA: Wiley.

[3] IBM (2005). *"The Analysis Model"* USA: IBM & WWW: http://publib.boulder.ibm.com/infocenter/rtnlhelp/v6r0m0/index.jsp?topic=/com.ibm.rsa.nav.doc/topics/canalysismodel.html

[4] I. Sommerville (2010). *"Software Engineering, 9th ed."* USA: Addison Wesley.

[5] uTest (2011). "Agile Software Testing, Ten Tips for Launching and Testing High Quality Apps in an Agile Environment" USA: uTest, Inc.